lingvito

MY FIRST EASTERN ARMENIAN BOOK

EASTERN ARMENIAN-ENGLISH BOOK
FOR BILINGUAL CHILDREN

 www.lingvitokids.com

Eastern Armenian

Ա ա
արև
[a**rev**] • sun

Բ բ
բալ
[bal] • cherry

Գ գ
գորտ
[gort] • frog

Է է
էշ
[esh] • donkey

Ը ը
ընկույզ
[yn**kuyz**] • walnut

Թ թ
թռչուն
[trr**chun**] • bird

Խ խ
խոզ
[khoz] • pig

Ծ ծ
ծաղիկ
[tsa**ghik**] • flower

Կ կ
կետ
[ket] • whale

Ճ ճ
ճայ
[chay] • seagull

Մ մ
մատիտ
[ma**tit**] • pencil

Յ յ

յոգուրտ
[yo**gurt**] • yogurt

Չ չ
չղջիկ
[chgh**jik**] • bat

Պ պ
պոչ
[poch] • tail

Ջ ջ
ջայլամ
[jay**lam**] • ostrich

Տ տ
տորթ
[tort] • cake

Ր ր
կարապ
[ka**rap**] • swan

Ց ց
ցեց
[tsets] • moth

Ու ու
ուղտ
[ught] • camel

Alphabet

Դդ
դույլ
[duyl] • *bucket*

Եե
երեխա
*[yere**kha**]* • *baby*

Զզ
զանգ
[zang] • *bell*

Ժժ
ժպիտ
*[zh**pit**]* • *smile*

Իի
իշխան
*[ish**khan**]* • *prince*

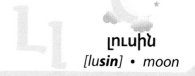

Լլ
լուսին
*[lu**sin**]* • *moon*

Հհ
հեծանիվ
*[hetsa**niv**]* • *bike*

Ձձ
ձի
[dzi] • *horse*

Ղղ
աստղ
*[**as**tgh]* • *star*

Նն
նկար
*[n**kar**]* • *picture*

Շշ
շարֆ
[sharf] • *scarf*

Ոո
ոլոռ
*[vo**lor**]* • *peas*

Ռռ
ռոբոտ
*[rro**bot**]* • *robot*

Սս
սեր
[ser] • *love*

Վվ
վագր
*[v**agr**]* • *tiger*

Փ փ
փայտ
[payt] • *wood*

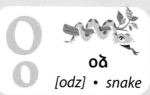

Ք ք
քամի
*[ka**mi**]* • *wind*

Օ օ
օձ
[odz] • *snake*

Ֆ ֆ
ֆիլմ
[film] • *movie*

Հայաստանի խորհրդանիշներ
[hayastani khor-uhrdanishner]

Հայաստանի դրոշ
[hayastani drosh]
Armenian flag

Խաչքար
[khachqar] · cross stone

Հայաստանի զինանշան
[hayastani zinanshan]
coat of Arms of Armenia

Գառնու տաճար
[garnu tachar] · Garni Temple

Symbols of Armenia

Արարատ լեռ
[ararat ler] • mount Ararat

Հայաստանի քարտեզ
[hayastani qartez]
map of Armenia

Հայկական գորգ
[haykakan gorg] • Armenian carpet

Վայրի կենդանիներ

[vayri kentaniner]

ընձուղտ
[uhndzught] · giraffe

փիղ
[pigh] · elephant

կապիկ
[kapik] · monkey

առյուծ
[aryuts] · lion

վագր
[vagr] · tiger

գետաձի
[getadzi] · hippo

Wild animals

արջ
[arj] • *bear*

բու
[bu] • *owl*

եղնիկ
[yeghnik] • *deer*

աղվես
[aghves] • *fox*

ոզնի
[vozni] • *hedgehog*

գայլ
[gayl] • *wolf*

սկյուռիկ
[skyurik] • *squirrel*

ալիգատոր
[aligator] • *crocodile*

Ընտանի կենդանիներ

[uhntani kentaniner]

աքաղաղ
[aqaghagh] · rooster

հավ
[hav] · hen

ոչխար
[vochkhar] · sheep

այծ
[ayts] · goat

նապաստակ
[napastak] · rabbit

մեղու
[meghu] · bee

հնդկահավ
[hndkahav] · turkey

կով
[kov] · cow

Domestic animals

կատու
[katu] · cat

սագ
[sag] · goose

ձի
[dzi] · horse

շուն
[shun] · dog

բադ
[bad] · duck

մուկ
[muk] · mouse

էշ
[esh] · donkey

խոզ
[khoz] · pig

Մրգեր | Fruits [mrqer]

խնձոր
[khndzor] • apple

բանան
[banan] • banana

արքայախնձոր
[arqayakhndzor] • pineapple

ծիրան
[tsiran] • apricot

սալոր
[salor] • plum

կիտրոն
[kitron] • lemon

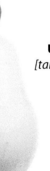

տանձ
[tandz] • pear

ձմերուկ
[dzmeruk] • watermelon

նարինջ
[narinj] • orange

Հատապտուղներ

Berries
[hataptughner]

ելակ
[yelak] • *strawberry*

խաղող
[khaghogh] • *grape*

բալ
[bal] • *cherry*

հապալաս
[hapalas] • *blueberry*

ազնվամորի
[aznvamori] • *raspberry*

կիվի
[kivi] • *kiwi*

նուռ
[nur] • *pomegranate*

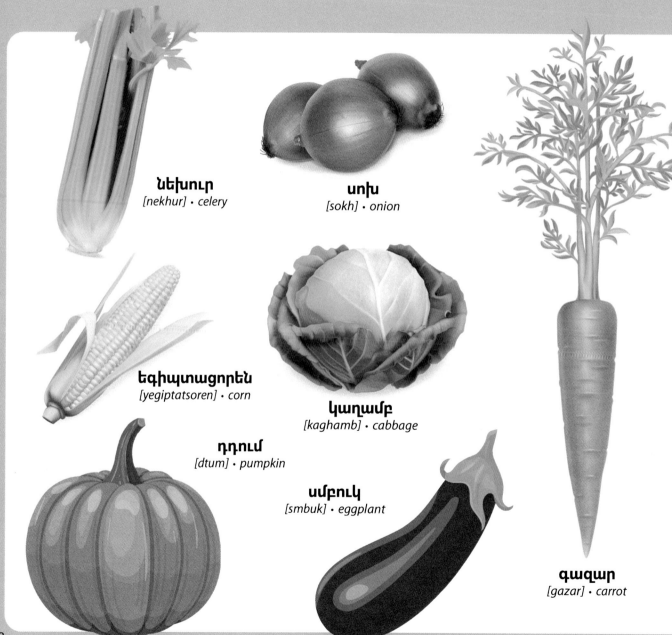

Բանջարեղեն [banjareghen]

նեխուր
[nekhur] • celery

սոխ
[sokh] • onion

եգիպտացորեն
[yegiptatsoren] • corn

կաղամբ
[kaghamb] • cabbage

դդում
[dtum] • pumpkin

սմբուկ
[smbuk] • eggplant

գազար
[gazar] • carrot

Vegetables

բրոկոլի
[brokoli] · broccoli

սխտոր
[skhtor] · garlic

լոլիկ
[lolik] · tomato

ճակնդեղ
[chakndegh] · beet

վարունգ
[varung] · cucumber

կարտոֆիլ
[kartofil] · potato

բուլղարական պղպեղ
[bulgharakan pghpegh] · bell pepper

ծաղկակաղամբ
[tsakhkakaghamb] · cauliflower

Աղանդեր և ըմպելիքներ

[geragoorner yev khmelikner]

Տոլմա
[tolma] • tolma

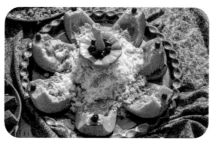

Ղափամա
[ghapama] • ghapama

Լավաշ
[lavash] • lavash

կոլոլակով սպագետտի
[kololakov spageti]
spaghetti and meatballs

տապակած ձու
[tapakats dzu]
sunny-siup eggs

ապուր
[apur] • soup

պիցցա
[pizza] • pizza

սենդվիչ
[sendvich] • sandwich

աղցան
[aghtsan] • salad

Food and drinks

կաթ
[kat] · milk

հյութ
[hyut] · juice

ջուր
[jur] · water

պաղպաղակ
[paghpaghak] · ice cream

թխվածքաբլիթ
[tkhvatsqablit] · cookie

կեքս
[keqs] · muffin

տորթ
[tort] · cake

կարկանդակ
[karkandak] · pie

նրբաբլիթներ
[nrpablitner] · pancakes

ԹՎԵՐ [tver]

1

մեկ
[mek] · one

2

երկու
[yerku] · two

3

երեք
[yereq] · three

4

չորս
[chors] · four

5

հինգ
[hing] · five

Numbers

6

վեց
[vets] · six

7

յոթ
[yot] · seven

8

ութ
[ut] · eight

9

ինը
[in-uh] · nine

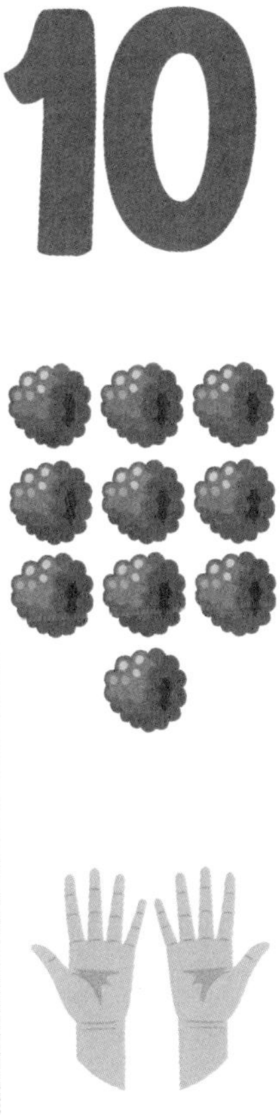

10

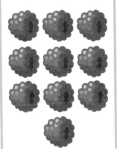

տասը
[tas-uh] · ten

Գույներ | [guyner]

կարմիր
[karmir] · red

դեղին
[deghin] · yellow

կապույտ
[kapuyt] · blue

կանաչ
[kanach] · green

վարդագույն
[vartaguyn] · pink

մանուշակագույն
[manushakaguyn] · purple

Colors

շագանակագույն
[shaganakaguyn] • brown

նարնջագույն
[narnjaguyn] • orange

սև
[sev] • black

սպիտակ
[spitak] • white

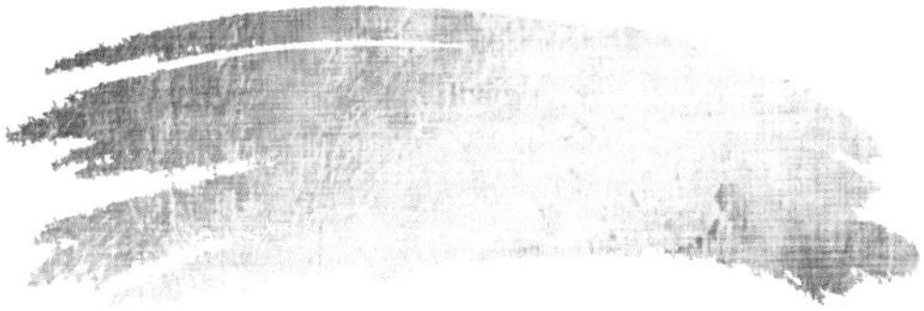

ոսկեգույն
[voskeguyn] • golden

արծաթագույն
[artsataguyn] • silver

Ձևեր | Shapes [dzever]

շրջան

[shrjan] • circle

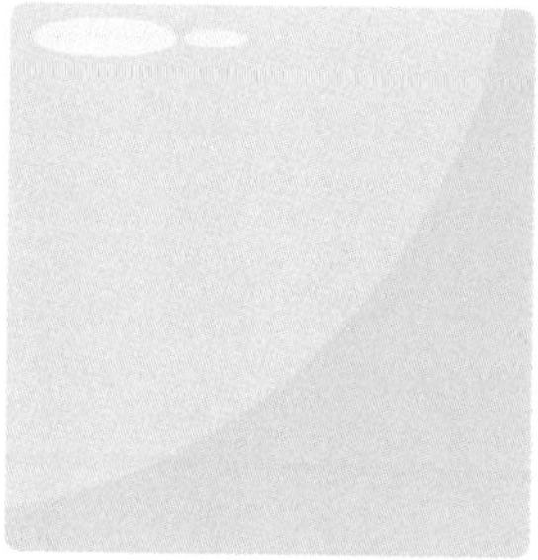

քառակուսի

[qarakusi] • square

եռանկյուն

[yerankyun] • triangle

ուղղանկյուն

[ughankyun] • rectangle

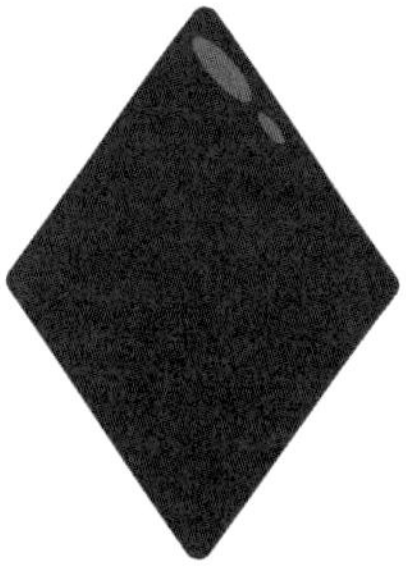

ռոմբուս

[rombus] • rhombus

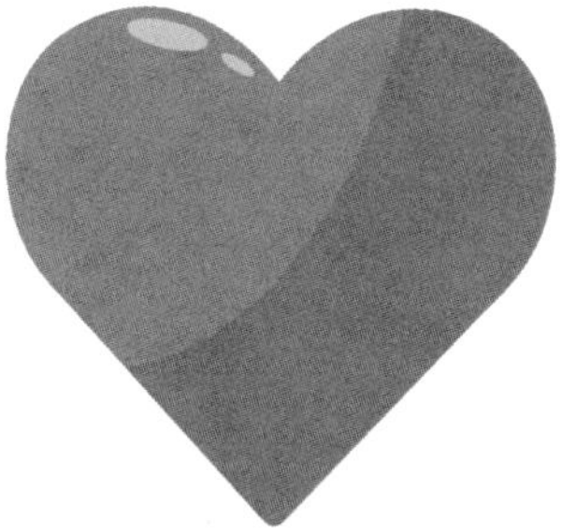

սրտաձև

[srtadzev] • heart

Ուղղություններ

Directions
[ughutyunner]

վերև
[verev] • up

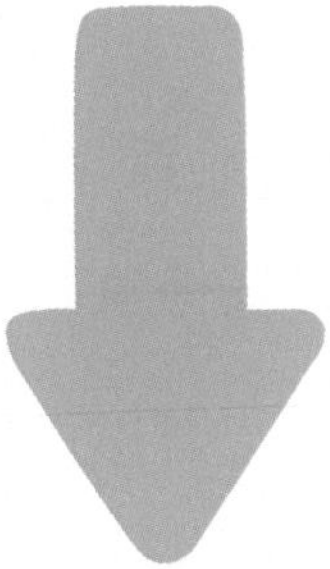

ներքև
[nerqev] • down

ներս
[ners] • inside

աջ
[aj] • right

ձախ
[dzakh] • left

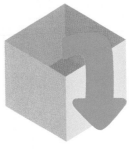

դուրս
[durs] • outside

Տարվա եղանակներ

[tarva yeghanakner] • **Seasons**

գարուն
[garun] • spring

ամառ
[amar] • summer

աշուն
[ashun] • autumn

ձմեռ
[dzmer] • winter

Եղանակ

[yeghanak] • **Weather**

տաք
[taq] • hot

սառը
[sar-uh] • cold

ծիածան
[tsiatsan] • rainbow

անձրև
[andzrev] • rain

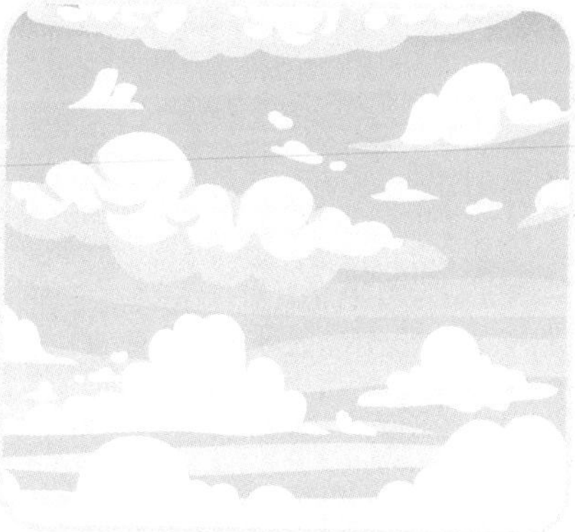

ամպամած
[ampamats] • cloudy

փոթորիկ
[potorik] • storm

Շաբաթվա օրեր

[shabatva orer]

Days of the week

երկուշաբթի
[yerkushabti] • Monday

երեքշաբթի
[yereqshabti] • Tuesday

չորեքշաբթի
[choreqshabti] • Wednesday

հինգշաբթի
[hingshabti] • Thursday

ուրբաթ
[urbat] • Friday

շաբաթ օրը
[shabat] • Saturday

կիրակի
[kiraki] • Sunday

երեկ
[yerek] • yesterday

այսօր
[aysor] • today

վաղը
[vagh-uh] • tomorrow

Ամիսներ

[amisner]
Months

հունվար
[hunvar] • January

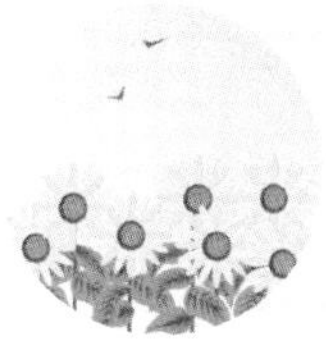

փետրվար
[petrvar] • February

մարտ
[mart] • March

ապրիլ
[april] • April

մայիս
[mayis] • May

հունիս
[hunis] • June

հուլիս
[hulis] • July

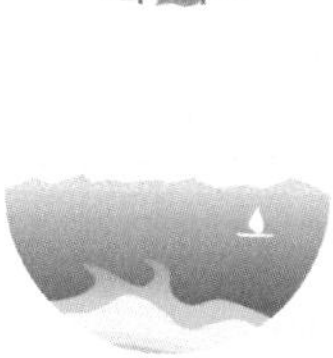

օգոստոս
[ogostos] • August

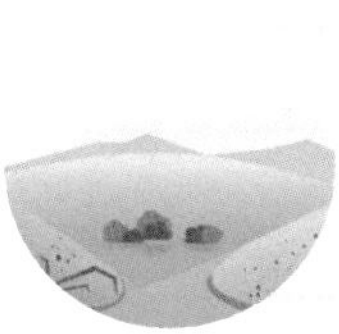

սեպտեմբեր
[september] • September

հոկտեմբեր
[hoktember] • October

նոյեմբեր
[noyember] • November

դեկտեմբեր
[dektember] • December

Հագուստներ | [hagustner]

շապիկ
[shapik] · *t-shirt*

շորտեր
[shorter] · *shorts*

զգեստ
[zgest] · *dress*

շալվար
[shalvar] · *pants*

արևային ակնոցներ
[arevayin aknotsner] · *sunglasses*

սպորտային կոշիկներ
[sportayin koshikner] · *sneakers*

գլխարկ
[glkhark] · *hat*

Clothes

սվիտեր
[svitr] · *sweater*

կիսաշրջազգեստ
[kisashrjazgest] · *skirt*

պայուսակ
[payusak] · *bag*

վերարկու
[verarku] · *coat*

երկարաճիտ կոշիկներ
[yerkarachit koshikner] · *shoes*

հովանոց
[hovanots] · *umbrella*

գուլպաներ
[gulpaner] · *socks*

Իմ տունը | [im tun-uh]

խոհանոց [khohanots] • kitchen

ափսե
[apse] • plate

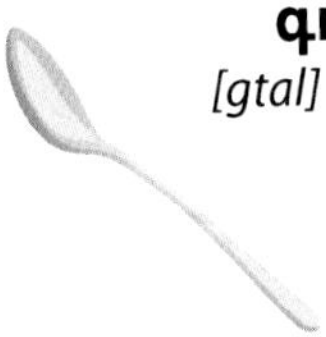

գդալ
[gtal] • spoon

թեյնիկ
[teynik] • kettle

ֆոնդային կաթսա
[fondayin katsa] • stock pot

բաժակ
[bajak] • cup

պատառաքաղ
[patarakagh] • fork

մանկական սենյակ [mankakan senyak] • kids room

օրորոց
[ororots] • crib

խորանարդներ
[khoranardner] • blocks

տիկնիկ
[tiknik] • doll

օղակներ
[oghakner] • stacking rings

My house

սանհանգույց [sanhanguyts] · bathroom

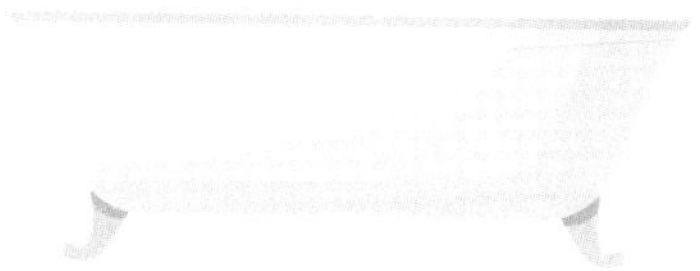

լոգարան
[logaran] · bathtub

ատամի խոզանակ
[atami khozanak] · toothbrush

սրբիչ
[srbich] · towel

լվացարան
[lvatsaran] · sink

հյուրասենյակ [hyurasenyag] · living room

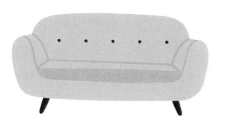   

բազմոց
[bazmots] · couch

բազկաթոռ
[bazkator] · armchair

լամպ
[lamp] · lamp

հեռուստացույց
[herustatsuyts] · TV

Դեմք

[demq]
Face

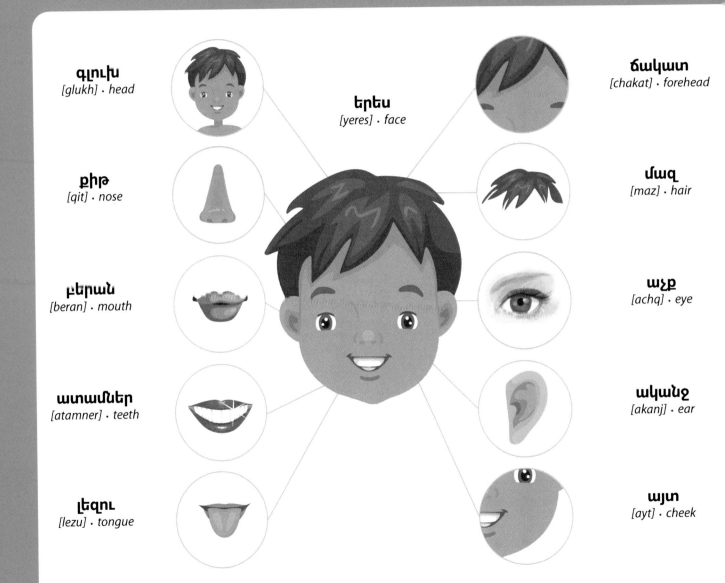

գլուխ
[glukh] · head

ճակատ
[chakat] · forehead

երես
[yeres] · face

քիթ
[qit] · nose

մազ
[maz] · hair

բերան
[beran] · mouth

աչք
[achq] · eye

ատամներ
[atamner] · teeth

ականջ
[akanj] · ear

լեզու
[lezu] · tongue

այտ
[ayt] · cheek

Մարմին

[marmin]
Body

պարանոց
[paranots] · neck

ուս
[us] · shoulder

ստամոքս
[stamoqs] · stomach

սրունք
[srunq] · leg

ծունկ
[tsunk] · knee

ձեռք
[dzerq] · hand

մատ
[mat] · finger

արմունկ
[armunk] · elbow

ոտք
[votq] · foot

կրունկ
[krunk] · heel

Տրանսպորտ [transport]

Transportation

ինքնաթիռ
[inqnatir] · airplane

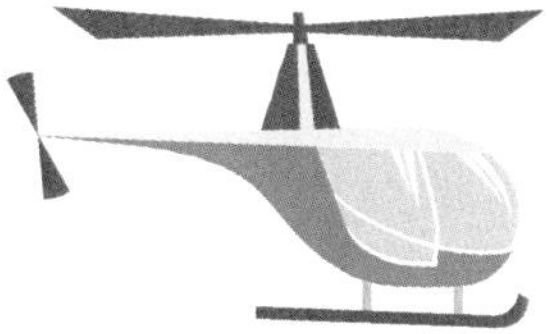

ուղղաթիռ
[ughatir] · helicopter

օդապարիկ
[otaparik]
hot air balloon

լուսացույց
[lusatsuyts]
traffic light

մեքենա
[meqena] · car

բեռնատար
[bernatar] · truck

հեծանիվ
[hetsaniv] · bike

մոտոցիկլ
[mototsikl] · motorcycle

հրշեջ մեքենա
[hrshej meqena] · fire truck

ավտոբուս
[aftobus] · bus

շտապօգնություն
[shtapognutyun] · ambulance

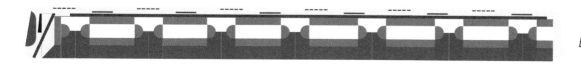

գնացք
[gnatsq] · train

33

Կենդանիների ձայներ

[kentanineri dzayner]

Կատուն

մլավում է

"մյաու"

Cat meows "Meow"

Շունը

հաչում է

"վուֆ"

Dog barks "Woof"

Գորտը

կռկռում է

"ռիբիթ"

Frog croaks "Ribbit"

Աքաղաղը

կանչում է

"ծուղրուղու"

Rooster crows "Cockadoodledoo"

Սագը

կղկղում է

"հոնք-հոնք"

Goose honks "Honk"

Բադը

կականում է

"քվաք"

Duck quacks "Quack"

Animal sounds

Կովը

բառաչում է

“մու”

Cow moos "Mooo"

Ձին

վրնջում է

“նի”

Horse whinnies "Neigh"

Խոզը

խռմփացնում է

“օինկ-օինկ”

Pig snorts "Oinkoink"

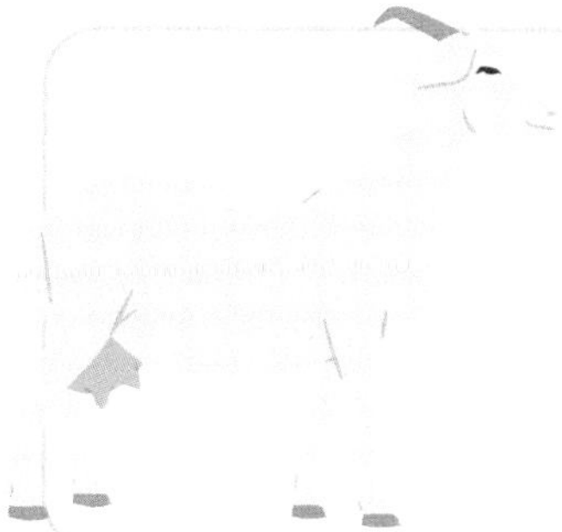

Այծը

մկկում է

“բա”

Goat bleats "Baa"

Էշը

զռում է

“հի-հաու”

Donkey brays "Heehaw"

Մեղուն

բզզում է

“բզզ”

Bee buzzes "Buzz"

Հիմնական բայեր

[himnakan bayer]

քայլել
[qaylel] · to walk

խաղալ
[khaghal] · to play

քնել
[qnel] · to sleep

ցատկել
[tsatkel] · to jump

նստել
[nstel] · to sit

Basic verbs

սովորել
[sovorel] • *to study*

լսել
[lsel] • *to listen*

խմել
[khmel] • *to drink*

կառուցել
[karutsel] • *to build*

տալ
[tal] • *to give*

Հականիշներ

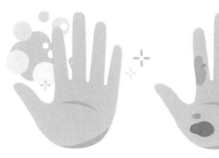

[hakanishner]

մեծ
[mets] • big

փոքր
[poqr] • small

մաքուր
[maqur] • clean

կեղտոտ
[keghtot] • dirty

տաք
[taq] • hot

սառը
[sar-uh] • cold

օր
[or] • day

գիշեր
[gisher] • night

Opposites

բարձրահասակ
[bardzrahasak] · tall

կարճահասակ
[karch] · short

բաց
[bats] · opened

փակ
[pak] · closed

դանդաղ
[dandagh] · slow

արագ
[arag] · fast

լիքը
[liq-uh] · full

դատարկ
[datark] · empty

EASTERN ARMENIAN-ENGLISH BILINGUAL BOOK SERIES

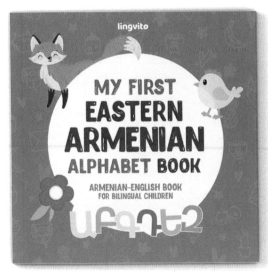

5:41

lingvito books

58 Posts **335** Followers **248** Following

Lingvito Bilingual Books
🧩 Educational books for bilingual children
📖 Self-published author @annayoung1
⚫ 40 plus languages 🌈
📚 Popularizing multi-language parenting 🌍

🔗 lingvitokids.com

Follow us on
Instagram
@lingvito books

Available at **amazon**

Questions?
E-mail hello@lingvitokids.com

Edition 3.0 Updated on August 30, 2024

Made in the USA
Las Vegas, NV
15 December 2024

14336677R00026